Mère Teresa

Auteur : Xavier Lecœur
Illustration couverture : Olivier Balez
Illustrations intérieures : Magali Le Huche

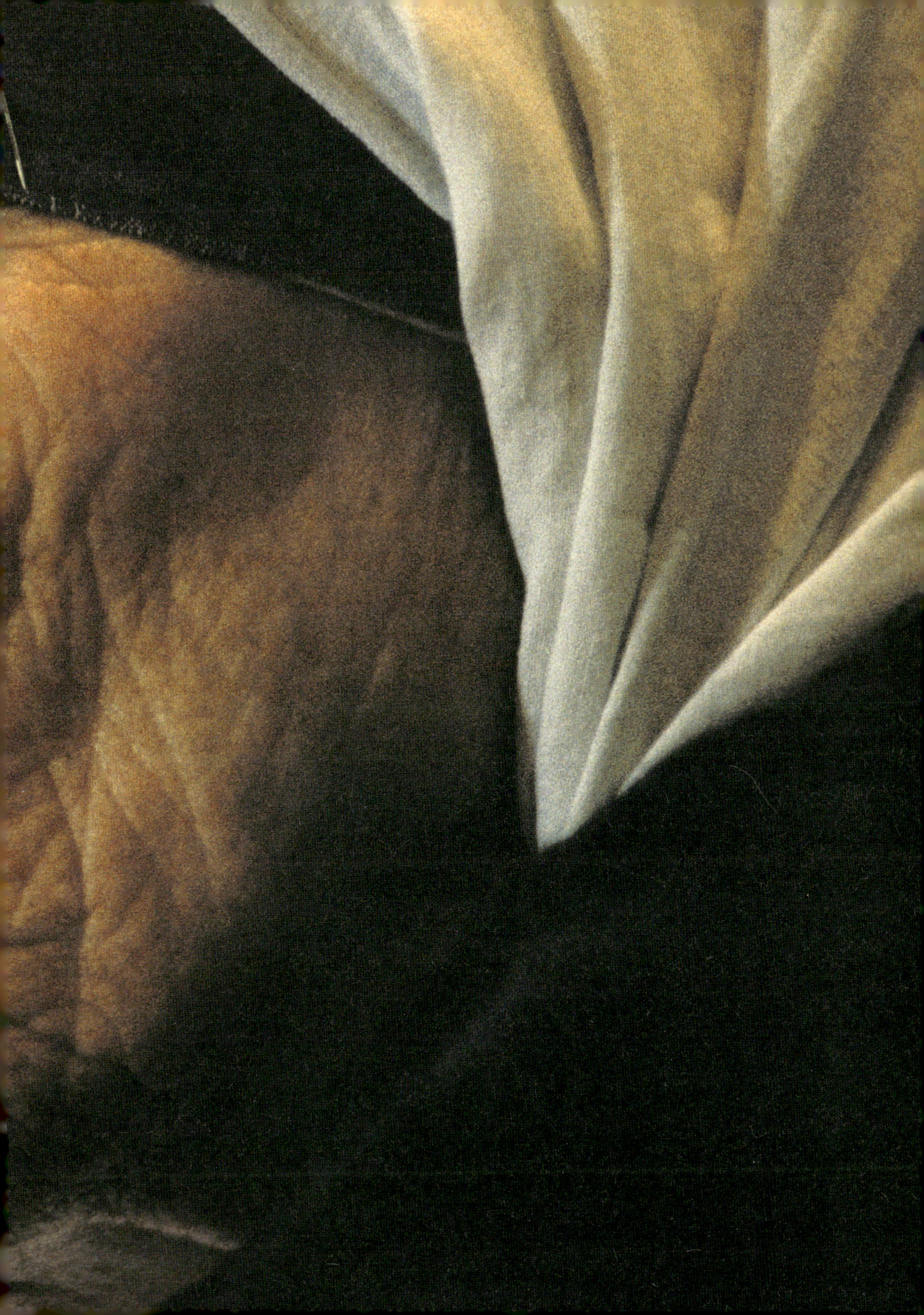

introduction

Décédée le 5 septembre 1997, Mère Teresa a été béatifiée le 19 octobre 2003, soit seulement six ans après sa mort. Ce jour-là, le pape Jean-Paul II, qui était son ami, a recommandé à chacun d' « accueillir le message » et de « suivre l'exemple » de cette « inlassable bienfaitrice de l'humanité ».

Pendant un demi-siècle, la religieuse au célèbre sari blanc et bleu a en effet offert sa vie pour servir les plus pauvres parmi les pauvres. Avec ses Missionnaires de la Charité, elle est venue en aide à ceux qui sont exclus, abandonnés, méprisés. À Calcutta d'abord, puis dans le monde entier. Animée d'une foi solide, la « Mère des pauvres » était persuadée que ce qu'elle faisait pour les plus petits et les plus misérables, c'était en réalité pour Dieu qu'elle le faisait. Son action lui a valu d'innombrables récompenses, dont le prestigieux prix Nobel de la paix, décerné en 1979.

Si Mère Teresa nous parle aujourd'hui, ce n'est pas seulement en raison de l'œuvre qu'elle a accomplie. Ce livre essaie de montrer que la religieuse avait défini un véritable « chemin de vie », valable pour tous, valable partout. Un chemin fondé sur la prière et sur le service, sur la joie et sur l'humilité. En un mot : sur l'amour.

X. Lecœur

sommaire

« Renoncer à soi, vivre comme les pauvres avec les pauvres. »

« Transforme tout ce que tu fais en quelque chose de beau pour Dieu. »

« Nous avons autant besoin de prier que de respirer. »

« Renoncer à soi,
vivre avec
les pauvres
comme
les pauvres. »

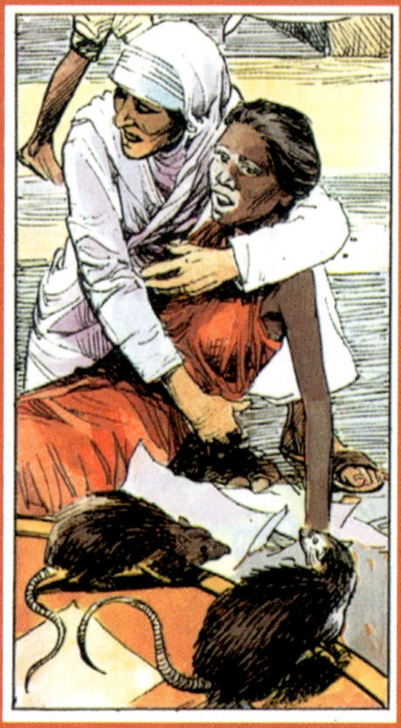

Mère Teresa
a fait du don de soi
une règle de conduite
pendant toute sa vie.

Dès son plus jeune âge,
elle s'intéresse
aux plus pauvres
et cherche à les aider
avec les petits moyens
dont elle dispose.

SKOPJE, UN PETIT VILLAGE DE YOUGOSLAVIE, EN 1919, CHEZ LA FAMILLE BOJAXHIU...
URSS
FRANCE
YOUGOSLAVIE
ITALIE
MER MÉDITERRANÉE
Mes enfants, maintenant que votre père est mort, je vais devoir travailler.
MALGRÉ LEUR PAUVRETÉ...
Merci, ma petite Agnès, vous êtes les seules à venir me voir !
Je reviendrai demain vous aider.
ET CHAQUE JOUR...
Tu invites tout le temps des oncles et des tantes. Nous avons donc une si grande famille ?
La vie est difficile pour eux, alors ils sont un peu de la famille.
AU CATÉCHISME, LE CURÉ LIT SOUVENT DES LETTRES DE PRÊTRES PARTIS EN INDE.
"Dans ce pays, des milliers de personnes meurent de faim..."
INDIA
C'est là que j'aimerais aller...
Maman, j'ai beaucoup réfléchi. Je veux, comme le Christ, aider ceux qui souffrent.
Si tu entreprends quelque chose, fais-le sans attendre de récompense.
Mais comment être sûre que je ne me trompe pas ?
Ta joie doit te guider comme une boussole.
AINSI, À 18 ANS, AGNÈS QUITTE SON PAYS ET SA FAMILLE POUR DEVENIR RELIGIEUSE EN IRLANDE. ELLE PREND LE NOM DE SŒUR TERESA.

1. L'Inde est un pays très peuplé.
La seule ville de Calcutta compte 12 millions d'habitants.

2. Diminutif qui veut dire « mère » en bengali, la langue parlée à Calcutta.

1. Vêtement de coton que portent les Indiennes.

UN SOIR...
Mais cette femme est mourante !
Moi ?
Oui ! On ne peut pas la laisser ici, il faut l'emmener à l'hôpital.
Venez m'aider !
Vite, trouvez-lui un lit, elle est très malade !
Il n'y a pas de place ! Mille personnes meurent tous les jours de faim ou de maladie à Calcutta.
Et puis, ici, il faut payer !
Mais cette femme a le droit de mourir en paix, entourée de soins.
Bon, si vous y tenez !
Comment aider ces gens abandonnés de tous ?
TOC! TOC!

Mère Teresa, vous souvenez-vous de moi ? À l'école, nous admirons beaucoup ce que vous faites.
Subashini ! Tu étais ma meilleure élève !
Je veux servir Dieu comme vous. Puis-je travailler avec vous ?
Réfléchis bien, c'est une vie difficile.
DES ÉLÈVES DE L'ÉCOLE, PUIS D'AUTRES JEUNES FILLES REJOIGNENT MÈRE TERESA. ELLES CRÉENT L'ORDRE DES MISSIONNAIRES DE LA CHARITÉ.
Faisons confiance à Dieu. Ne nous organisons pas trop...
LES RELIGIEUSES VIVENT DE CE QU'ON LEUR DONNE.
Allez-vous-en, je n'ai rien à vous donner !
Eh bien, je resterai ici pour prier.
Bon ! Prenez du riz et partez !
Je suis seule, malade, Ma, prends mon enfant... sinon qui s'en occupera ?
Je te promets que nous l'élèverons.
LES RELIGIEUSES TRAVAILLENT DANS DES CABANES QUI DEVIENNENT VITE TROP PETITES. EN 1952...
La ville nous offre cet ancien hôtel de pèlerins hindous.
Nous l'appellerons "Maison du Cœur Pur" !
Que veulent-elles ?
S'occuper de ceux qui meurent dans la rue !
Elles ne sont pas de notre religion !

1. Grand fleuve de l'Inde qui coule près de Calcutta.

Alors, commissaire?
Je chasserai les soeurs le jour où vous ferez ce qu'elles font !
C'est ce qu'on verra !
EN EFFET...
Tue-moi, mais ne touche pas à ces enfants !
Laissons tomber. Le courage de cette femme est inspiré par les dieux !
LA MÊME ANNÉE, MÈRE TERESA OUVRE UNE MAISON POUR LES ENFANTS ABANDONNÉS : LE "SHISHU SHAVAN".
Regardez ! Les pluies de la mousson allaient l'emporter ! Il était seul.
Ses parents sont morts, ou bien ils n'avaient pas assez d'argent pour l'élever.
Nous nous occuperons de tous ces enfants, et nous les ferons adopter...

BIENTÔT, DE PLUS EN PLUS D'ENFANTS SONT CONFIÉS À MÈRE TERESA, QUI LEUR TROUVE DES PARENTS ADOPTIFS. MAIS...
Ma, le petit Ranjit que cette riche famille a adopté est tombé malade. Il va rester paralysé.
Et si ses nouveaux parents allaient l'abandonner à cause de cela? Je vais aller les voir.
M. Prasad, si vous voulez, nous pouvons reprendre Ranjit pour le soigner...
Me séparer de mon fils?! Jamais!
Nous l'aimons, bien-portant ou malade.
Cet enfant est un don de Dieu.
Ranjit a trouvé de vrais parents!
Ma, c'est pour toi!
Qu'est-ce que...
C'est du sucre. J'en ai mis de côté tous les jours pour les enfants de Shishu.
Merci! Nous avons moins besoin d'argent que de cadeaux comme le tien!
AAH! AU SECOURS!

1. La lèpre est une maladie que l'on croit très contagieuse.
Elle atteint plus de 5 millions de personnes en Inde.

1. Prix donné chaque année à une personne qui a beaucoup travaillé pour la paix dans le monde.

Nous allons organiser un banquet en votre honneur.
Je ne veux pas de banquet. Donnez plutôt cet argent aux pauvres.
Vous n'êtes pas découragée devant l'ampleur du travail à accomplir?
Nous soignons quelques plaies, mais il faut que tout le monde agisse pour que la situation change en profondeur.
MÈRE TERESA VOYAGE DANS LE MONDE ENTIER. ELLE RENCONTRE DES HOMMES ET DES FEMMES QUI DÉSIRENT TRAVAILLER AVEC LES MISSIONNAIRES.
Ici aussi, à San Francisco, nous avons besoin de vous!
FELSEN fabrics
SILKS
WOOLENS
ALL MATERIALS
ONE WAY
Dans vos grandes villes, l'entraide manque plus souvent que l'argent ou la nourriture.
C'est vrai! Beaucoup de gens se sentent isolés, rejetés : des vieillards, des malades, des chômeurs...
Van Ness Ave.
55
& Market Streets
Vous pouvez être plus utile ici, en aidant votre voisin, qu'en partant à Calcutta.
MÈRE TERESA VEILLE À L'INSTALLATION DES MISSIONNAIRES.
Mais, que faites-vous ? C'est pour votre confort!
Inutile! Nous voulons vivre comme les plus pauvres!

En 1997, sœur Nirmala succède à Mère Teresa, qui s'affaiblit de plus en plus. Elle meurt d'un arrêt du cœur le 5 septembre 1997, à 87 ans. Un an après sa mort, les Missionnaires de la Charité comptent 4 000 religieuses, 400 frères et des milliers de volontaires qui travaillent dans 600 institutions, orphelinats, centres pour les lépreux ou pour les victimes du sida dans 120 pays.

chronologie

26 août 1910 :	naissance d'Agnès Gonxha Bojaxhiu, à Skopje (Macédoine), de parents albanais.
1928 :	entrée dans l'ordre des sœurs de Notre-Dame de Lorette et départ pour Dublin, en Irlande.
6 janvier 1929 :	arrivée à Calcutta. Noviciat à Darjeeling.
1931 :	premiers vœux. Sœur Teresa commence à enseigner l'histoire et la géographie au collège Sainte-Marie d'Entally, à Calcutta.
24 mai 1937 :	sœur Teresa prononce ses vœux perpétuels.
1944 :	elle devient directrice des études du collège Sainte-Marie.
10 sept. 1946 :	« jour de l'inspiration » : Mère Teresa entend l'appel de « tout laisser et de suivre le Christ dans les bidonvilles, au milieu des plus pauvres parmi les pauvres ».
12 avril 1948 :	le pape Pie XII l'autorise à quitter son couvent, tout en restant religieuse. La même année, elle devient citoyenne indienne.
7 oct. 1950 :	fondation officielle de la congrégation des sœurs Missionnaires de la Charité pour l'archidiocèse de Calcutta.
1952 :	Mère Teresa ouvre un centre d'accompagnement des mourants dans un temple abandonné de la déesse Kali, rebaptisé « Nirmal Hriday » (la Maison du Cœur Pur).
1962 :	le gouvernement indien lui remet le prix Padma Shri (Lotus Magnifique).
25 mars 1963 :	naissance officielle des frères Missionnaires de la Charité.
1965 :	Mère Teresa ouvre une première maison en dehors de l'Inde : au Venezuela.
1968 :	ouverture d'une maison des Missionnaires de la Charité à Rome, dans le quartier pauvre de Tor Fiscale.
6 janvier 1971 :	le pape Paul VI lui remet le prix Jean XXIII pour la paix.
1979 :	Mère Teresa reçoit le prix Nobel de la paix.
1988 :	ouverture d'une maison — le Don de Marie — au sein même du Vatican.
5 sept. 1997 :	Mère Teresa meurt à Calcutta d'une crise cardiaque.
19 oct. 2003 :	béatification à Rome par le pape Jean-Paul II.

« Transforme tout ce que tu fais en quelque chose de beau pour Dieu. »

Contrairement à ce que l'on pourrait croire, Mère Teresa n'est pas née en Inde. En fait, celle qui s'appelait au départ Agnès Gonxha Bojaxhiu a vu le jour en Europe, à Skopje (Macédoine), le 26 août 1910.
Sa famille, aisée, appartient à la petite communauté catholique albanaise.
Le père, Nicolas, dirige une entreprise de construction tandis que la mère, Drana, s'occupe de leurs trois enfants — Aga, Lazar et Agnès —, auxquels elle donne une éducation chrétienne.
À l'époque, la situation est très tendue dans cette région de l'Europe que l'on appelle les Balkans. Mais Nicolas et Drana font tout leur possible pour que leurs enfants connaissent une vie paisible et heureuse. « Notre famille était très unie. Nous vivions les uns pour les autres », dira plus tard Mère Teresa.

LES BALKANS, UNE RÉGION TROUBLÉE

La péninsule des Balkans est située au sud-est de l'Europe. Zone très montagneuse, elle englobe divers pays : Grèce, Macédoine, Albanie. Conquise progressivement par les Turcs à partir du XIVe siècle, la région a été le lieu de nombreux conflits, du XIXe siècle jusqu'à nos jours. Les habitants ont d'abord cherché à se libérer de la domination turque et à obtenir leur indépendance. Mais ils se sont ensuite souvent opposés entre eux, pour des motifs politiques et religieux. Car, si la majorité des habitants des Balkans sont des chrétiens orthodoxes, il existe d'importantes minorités musulmanes et catholiques, comme celle à laquelle appartenait la famille de Mère Teresa.

« L'amour commence à

Si les Bojaxhiu sont heureux entre eux, ils n'en oublient pas pour autant ceux qui les entourent. Souvent, Nicolas et Drana accueillent à leur table des gens qu'Agnès ne connaît pas et que ses parents lui présentent comme des oncles et des tantes. En fait, il s'agit de personnes très pauvres auxquelles les Bojaxhiu offrent un repas. Ainsi mettent-ils en pratique la recommandation de Jésus : « J'avais faim et vous m'avez donné à manger, j'avais soif et vous m'avez donné à boire, j'étais un étranger et vous m'avez accueilli » (Matthieu 25, 35).

Le bonheur familial de ses premières années a beaucoup marqué la future Mère Teresa. À de nombreuses reprises, elle a insisté sur le fait que « l'amour commence à la maison » et que « la paix débute dans les foyers ». À Calcutta, lorsqu'elle recevait des Européens qui voulaient l'aider dans sa mission, elle leur conseillait souvent de regarder d'abord chez eux. N'y a-t-il pas quelqu'un dans votre entourage, dans votre famille, qui est malheureux, qui se sent seul ou qui a des problèmes ? C'est à lui qu'il faut d'abord s'intéresser avant

la maison.»

d'essayer de soulager les souffrances lointaines. « Aimez ceux qui sont proches », répétait Mère Teresa, pensant d'abord à la famille. Car, pour elle, si ses membres réussissent à vivre dans la paix et dans l'amour, ils seront capables ensuite de les répandre autour d'eux.

Son modèle ? La Sainte Famille de Nazareth, formée par Joseph, Marie et Jésus. « C'était un foyer où régnaient la tendresse, la compréhension et le respect mutuel », rappelait-elle. L'amour familial permet aussi de surmonter les épreuves.
La petite Agnès en connaît une — terrible — à l'âge de huit ans. Son père qu'elle aime tant meurt subitement. Cette épreuve soude encore plus sa famille. Malgré les difficultés, les Bojaxhiu continuent de consacrer, chaque soir, un temps à la prière en commun, comme ils le faisaient lorsque Nicolas, le père, était encore en vie.
« La famille qui prie ensemble demeure unie », conseillera souvent Mère Teresa.

« Jésus est tout pour moi. »

Un jour, un groupe de professeurs américains se rend à Calcutta et visite les différentes maisons de Mère Teresa. Avant de partir, ils lui demandent un conseil qui pourrait leur servir dans leur vie de tous les jours aux États-Unis. « Souriez-vous les uns les autres », leur répond Mère Teresa. Pour plaisanter, l'un des Américains lui lance : « On voit bien, Mère, que vous n'êtes pas mariée ! » Mère Teresa lui dit alors : « Détrompez-vous. Je suis mariée avec Jésus et, parfois, j'ai du mal à lui sourire, car il me demande trop ! »

Toute la vie de Mère Teresa a été marquée par cette union spirituelle avec Jésus. Elle n'a que douze ans lorsqu'elle ressent un premier appel à devenir

Ambiance surpeuplée en Inde au début du XXe siècle.

religieuse. Elle se rend souvent au sanctuaire de Notre-Dame de Letnice, un lieu de pèlerinage situé non loin de Skopje et dédié à la Vierge Marie, et se montre très active dans la paroisse du Sacré-Cœur que fréquente sa famille. Le curé, un jésuite, suit avec beaucoup d'intérêt les missions de ses confrères yougoslaves partis en Inde, et il en informe ses paroissiens. La jeune Agnès se passionne pour les récits de ces missionnaires et apprend que des religieuses sont aussi présentes là-bas en Inde : celles de l'ordre de Notre-Dame de Lorette.

Pendant plusieurs années, la jeune fille s'interroge sur son avenir. Jusqu'à ce jour de l'Ascension, en 1928, où l'évidence s'impose à elle : Dieu lui demande de se consacrer à lui entièrement. Agnès, qui n'a pas encore dix-huit ans, va donc devenir religieuse ; mais pas à Skopje. Attirée par la vie des missionnaires, elle décide d'aller travailler en Inde, avec les sœurs de Notre-Dame de Lorette. Pour cela, il lui faudra d'abord se rendre en Irlande, près de Dublin, où se trouve la maison mère de l'ordre. Ayant amélioré son anglais et découvert la vie religieuse, elle sera envoyée en Inde à la fin de 1928.
Pour se mettre au service du Christ, Agnès a dû quitter et son pays, et sa famille. « Ce fut un grand sacrifice, car nous étions très unis », dira-t-elle. Par la suite, la future Mère Teresa reviendra à plusieurs reprises sur cette notion de sacrifice. Elle considère que ce n'est pas très difficile de donner une chose à laquelle on n'est pas vraiment attaché. Ce qui a du prix, en revanche, c'est d'oser se séparer de ce qui est important pour soi. En partant de Skopje, en laissant derrière elle sa mère, sa sœur et son frère, la jeune Agnès a offert à Dieu ce qu'elle avait de plus cher, de plus précieux. Quelques années plus tard, lorsqu'elle quittera sa communauté dans laquelle elle était si heureuse, pour aller s'occuper des pauvres des bidonvilles, elle fera un second sacrifice considérable. « Jésus a tout donné, dira-t-elle. Faisons de même nous aussi : donnons-lui tout. »

Cependant, la relation de Mère Teresa au Christ a parfois été douloureuse. On a ainsi découvert dans ses lettres, après sa mort, qu'elle avait vécu à plusieurs reprises ce que l'on appelle une « nuit spirituelle », c'est-à-dire un profond sentiment de solitude, l'impression d'être abandonnée de Dieu. Malgré sa foi et son courage, la religieuse de Calcutta a connu, comme tout être humain, de grands moments de doute, de peur et d'interrogation.

LES JÉSUITES, UN ORDRE MISSIONNAIRE

Le 15 août 1534, un étudiant espagnol du nom d'Ignace de Loyola se retrouve avec six de ses amis dans une chapelle de Montmartre, à Paris. Là, tous font le vœu de consacrer leur vie à Dieu et de « parcourir les diverses parties du monde pour y prêcher sa parole ». Ainsi naît l'ordre des jésuites, appelé aussi « Compagnie de Jésus ». Depuis cette époque, les jésuites ont connu une histoire riche et tumultueuse. La Compagnie fut même supprimée par le pape Clément XIV en 1773 parce qu'elle était jugée trop influente, avant d'être rétablie en 1814. Les jésuites se sont spécialisés dans l'enseignement, la recherche théologique et l'accompagnement spirituel, mais ils restent fidèles à la promesse de leurs fondateurs en allant faire découvrir le message de l'Évangile dans des pays lointains. C'est le récit de leurs expériences à Calcutta qui a poussé Mère Teresa à devenir elle-même missionnaire.

Professeur d'histoire et de géographie : telle a été pendant plus de quinze ans la principale activité de Mère Teresa. Arrivée en Inde en janvier 1929, après une traversée en bateau de plusieurs semaines, elle est envoyée au couvent de Darjeeling, au pied de l'Himalaya, pour y effectuer son noviciat. Cette période d'apprentissage dure deux ans et doit permettre à chaque jeune fille de savoir si elle est vraiment faite pour la vie religieuse. En mai 1931, la novice albanaise prononce ses premiers vœux chez les sœurs de Notre-Dame de Lorette et prend alors le nom de Teresa, en référence à sainte Thérèse de Lisieux. De retour à Calcutta, elle commence à exercer le métier de professeur à Sainte-Marie d'Entally, une institution fréquentée par des jeunes filles de la bourgeoisie indienne. « L'enseignement est ce que j'aime le plus », avoue-t-elle alors. Si Mère Teresa enseigne l'histoire et la géographie à ses élèves, elle n'en continue pas moins d'apprendre elle aussi, notamment deux langues locales, le bengali et l'hindi, ce qui lui permet de mieux s'intégrer dans son pays d'accueil. D'une façon générale, l'éducation a été une question essentielle pour Mère Teresa. Lorsque, quelques années plus tard, elle quitte son couvent pour se consacrer aux pauvres, l'une de ses premières actions est de réunir les enfants des bidonvilles et de leur faire la classe. N'ayant ni table ni chaise, ni tableau noir ni craie, elle dessine sur le sol avec un bout de bois.

Ensuite, ses responsabilités grandissant, Mère Teresa cesse d'enseigner directement aux enfants des rues.

« Je Te donne ma

SAINTE THÉRÈSE DE L'ENFANT JÉSUS

Si Agnès a choisi, en 1931, de prendre le nom de Teresa, c'est en hommage à une petite carmélite française, sainte Thérèse de l'Enfant Jésus, canonisée six ans plus tôt. Née à Alençon en 1873, Thérèse Martin est entrée au Carmel de Lisieux dès l'âge de quinze ans. Là, pendant neuf ans, elle a mené, comme toute carmélite, une vie de prière et de travail, loin du monde extérieur. Une existence en apparence très ordinaire, qu'elle a pourtant vécue de façon extraordinaire, en mettant de l'amour dans chacun de ses gestes. Morte de la tuberculose en 1897, à seulement vingt-quatre ans, Thérèse a eu un rayonnement étonnant après sa mort. Dans ses écrits, on a découvert une spiritualité originale, basée sur une relation d'abandon et de confiance totale en Jésus Christ. Pour sainte Thérèse, Dieu s'adresse à tous et particulièrement aux plus petits, aux plus humbles et aux plus pauvres. Nul doute que ce message a eu une forte influence sur Agnès Bojaxhiu.

voix. »

Mais la vie va lui donner une classe autrement plus nombreuse : l'humanité tout entière ! Durant des années, au fil de ses voyages et de ses rencontres, par des livres ou des conférences, elle essaie d'apprendre à ses interlocuteurs le chemin du bonheur, celui qui mène à Dieu. Ce professeur ouvert et tolérant qui « donne sa voix au Seigneur », s'adresse à tous, chrétiens ou non, riches et pauvres, jeunes et vieux. En bonne pédagogue, elle utilise des phrases courtes, claires, compréhensibles pour tous. Son objectif n'est pas que tous les hommes mènent une vie aussi difficile et exigeante que celle qu'elle a choisie. En revanche, elle souhaite que le maximum de personnes placent leur existence sous le regard de Dieu, s'abandonnant à son amour et se dévouant pour les autres.

On raconte ainsi qu'elle avait l'habitude de distribuer à ses visiteurs ce qu'elle appelait sa « carte de visite ». Oh, il n'y était pas inscrit : « Mère Teresa, supérieure générale des Missionnaires de la Charité ». Non, on y trouvait cinq lignes à méditer, cinq lignes qui résument son action et son message :
« Le fruit du silence est la prière.
Le fruit de la prière est la foi.
Le fruit de la foi est l'amour.
Le fruit de l'amour est le service.
Le fruit du service est la paix. »
Comme tous les bons enseignants, Mère Teresa n'hésitait pas à répéter souvent ce qu'elle considérait comme « une parole à dire, une vérité à annoncer, un chemin à suivre ».

Voyage vers Darjeeling, 1946.

« Dans les mains de Dieu »

Le train a quitté la gare de Calcutta, à destination de la ville de Darjeeling, située six cents kilomètres au nord. À son bord, Mère Teresa qui, ce 10 septembre 1946, part faire une retraite dans l'un des monastères de sa congrégation. Rien de mieux qu'un long trajet en train pour faire le point sur sa vie ! A priori, Mère Teresa est plutôt contente de son sort : elle aime l'enseignement et apprécie ses élèves. Pourtant, depuis quelque temps, une question insistante la poursuit : n'est-elle venue en Inde, n'a-t-elle laissé sa chère famille, que pour faire la classe à des enfants riches ?
La réponse, d'une clarté aveuglante, va arriver durant ce voyage vers Darjeeling. Mère Teresa racontera que, dans ce train, Dieu s'est adressé une nouvelle fois à elle et lui a demandé un engagement encore plus fort, encore plus radical que tout ce qu'elle avait déjà pu faire jusque-là.
Le défi est de taille : quitter le relatif confort de son couvent, quitter sa communauté et son école, pour se mettre au service des pauvres des bidonvilles !

Mère Teresa pourrait reculer devant ce nouveau sacrifice que Dieu attend d'elle. Elle pourrait prendre peur face à ce chemin inconnu qu'on lui propose. Mais, en prononçant ses vœux définitifs de religieuse neuf ans plus tôt, elle a accepté d'obéir à Dieu, quoi qu'il puisse lui demander, car lui seul sait ce qui est bon pour elle. Comme le prophète Jérémie en son temps, Mère Teresa pense qu' « à l'homme n'appartient pas sa voie, ni à celui qui marche de diriger ses pas » (Jerémie 10, 23). Elle est persuadée que, si Dieu la charge d'une mission, il lui donnera les moyens de l'accomplir.

À son retour, Mère Teresa parle donc de cet appel à son directeur spirituel et à l'archevêque de Calcutta, monseigneur Périer. Après un premier refus, elle reçoit la permission d'écrire au pape Pie XII. En 1948, celui-ci autorise Mère Teresa à quitter son couvent pour aller vivre « au milieu des plus pauvres parmi les pauvres ». De façon symbolique, elle abandonne l'habit des religieuses occidentales pour revêtir un sari, l'habit traditionnel des femmes indiennes. Car la petite Albanaise s'identifie désormais totalement à son pays d'adoption, l'Inde, dont elle a obtenu la nationalité.
Le 17 août 1948 marque le départ définitif de Mère Teresa du couvent de Notre-Dame de Lorette. Elle confiera ensuite : « C'est la chose la plus difficile qu'il m'ait jamais fallu faire, c'était un sacrifice encore plus grand que de quitter ma famille et mon pays pour entrer en religion. »

Mère Teresa a alors trente-huit ans. Une nouvelle vie, difficile et aventureuse, se présente devant elle. Elle part avec très peu d'argent sur elle, mais riche de deux principes qui vont guider ses pas : l'obéissance et la confiance. « Je suis un crayon dans les mains de Dieu. Un morceau de crayon avec lequel il écrit ce qu'il veut » : ce que Dieu veut pour cette petite religieuse albanaise, c'est qu'elle devienne la « Mère des pauvres ».

UNE SÉPARATION TRAGIQUE

Occupée par les Anglais depuis le milieu du XVIIIe siècle, l'Inde a fini par obtenir son indépendance en 1947, au terme d'une longue lutte menée par deux êtres d'exception : Gandhi, le partisan de la non-violence, et Nehru, un homme politique qui allait devenir Premier ministre. Le pays a alors été divisé en deux États : l'Union indienne, à majorité hindoue, et le Pakistan, à majorité musulmane. Malheureusement, cette séparation s'est traduite par de très nombreux massacres entre les deux communautés religieuses et par le déplacement de plusieurs millions de personnes. C'est ainsi que Calcutta, ville déjà surpeuplée, a vu arriver en peu de mois d'innombrables réfugiés, ne sachant souvent ni où se loger ni comment manger. Il est probable que la détresse de ces personnes miséreuses ait renforcé la résolution de Mère Teresa d'aller s'occuper des plus pauvres.

Mahatma Gandhi.

« Les pauvres nous réclament. »

« Ce que tu fais au plus petit de mes frères, c'est à moi que tu le fais » : cette phrase du Christ, rapportée par l'évangéliste Matthieu, a vraiment guidé l'action de Mère Teresa à partir du moment où elle a quitté le couvent de Notre-Dame de Lorette en 1948. Car elle est persuadée que « les pauvres sont le Christ lui-même ». En d'autres termes, l'une des meilleures façons d'être fidèle au Christ et à son message est de l'aimer à travers son prochain, surtout s'il est faible et démuni.

Appelée à une vie nouvelle au service des pauvres des bidonvilles, Mère Teresa demeure une femme pratique. Comment venir en aide aux malades si l'on ne maîtrise pas les bases élémentaires de la médecine ? L'ancien professeur d'histoire et de géographie décide donc d'apprendre les rudiments du métier d'infirmière et passe trois mois dans un hôpital-école tenu par des religieuses, dans la ville de Patna. De retour à Calcutta, elle effectue de longues marches dans la ville et découvre une misère immense. Certes, il y avait près de son couvent un bidonville

Femmes indiennes.

qu'elle pouvait presque apercevoir de sa fenêtre, mais elle ne s'y était jamais rendue auparavant.

Que Mère Teresa ait osé changer de vie impressionne ses anciennes élèves. Très rapidement, plusieurs d'entre elles viennent la voir et se proposent de l'aider dans sa tâche. Il y a là Subashini, une jeune Bengalie issue d'un milieu aisé, Magdelena, une étudiante en médecine... Heureuse de les avoir auprès d'elle, Mère Teresa met tout de même leur détermination à l'épreuve, car elle sait combien l'existence de ces jeunes femmes sera difficile. Peu à peu, le nombre de volontaires s'accroît, et il devient temps de donner à ce petit groupe une règle et une organisation. À l'automne 1950, la congrégation des Missionnaires de la Charité, installée dans le diocèse de Calcutta, est officiellement approuvée par le pape Pie XII.

À l'image des autres ordres religieux, les sœurs Missionnaires de la Charité prononcent des vœux de pauvreté, de chasteté et d'obéissance. Mais Mère Teresa a ajouté un quatrième vœu : celui de s'engager à servir les plus pauvres parmi les pauvres, sans rien attendre en retour. C'est pourquoi les sœurs n'acceptent jamais, par exemple, d'invitation à manger en dehors de chez elles. Faisant tout « pour Jésus et pour l'amour des pauvres », elles ne veulent rien recevoir en échange, pas même un verre d'eau ! Servant les pauvres, elles vivent aussi comme eux, ne possédant que trois saris et des sandales. Simple, leur nourriture est assez copieuse, car il est essentiel qu'elles se maintiennent en bonne santé pour accomplir leur mission et résister, autant que possible, à toutes les maladies qui prolifèrent dans les bidonvilles. Car, chaque jour, après avoir assisté à la messe du matin et pris leur petit déjeuner, les religieuses sortent dans les rues pour aller à la rencontre des enfants abandonnés, des mourants, des lépreux... « Les pauvres nous réclament, répétait Mère Teresa. Nous n'allons pas rester derrière les murs de notre couvent. »

UN SARI BLANC ET BLEU

À son départ du couvent de Notre-Dame de Lorette, Mère Teresa abandonne la tenue de religieuse occidentale qui a été la sienne pendant des années pour revêtir un sari, habit traditionnel des femmes indiennes. Elle veut ainsi faire comprendre à ceux qu'elle va secourir qu'elle leur ressemble. Elle choisit un sari tout simple de coton blanc, avec trois rayures bleues. Le blanc représente la couleur des pauvres. Le bleu est la couleur de la Vierge Marie et symbolise son humilité. Quant à la croix qui est épinglée sur l'épaule gauche du sari, elle témoigne de l'attachement de Mère Teresa pour Jésus Christ. Toutes les sœurs Missionnaires de la Charité portent cette tenue distinctive qui permet de les reconnaître très facilement.

Affamée, épuisée, abandonnée de tous, une vieille femme est en train de mourir, là, sur un trottoir de Calcutta. Comment peut-on laisser un être humain finir sa vie ainsi ? La question obsède Mère Teresa qui, passant dans la ruelle, l'a remarquée et l'a emmenée à l'hôpital. Jugeant le cas de cette femme désespéré, les médecins ont hésité avant de la prendre en charge. Ils ont tant à faire...

En sortant, Mère Teresa décide donc de chercher un endroit où elle pourrait accueillir les mourants pour leur offrir une fin de vie digne. Les autorités lui proposent un bâtiment situé dans le quartier de Kalighat, au sud de Calcutta.

C'est là qu'en août 1952 est inauguré un foyer pour les mourants. On lui donne le nom de Nirmal Hriday, ce qui, en bengali, veut dire « maison du cœur pur ».
La plupart de ceux qui y sont accueillis ne peuvent plus guérir. Mais il n'est pas trop tard pour leur donner de l'amour et les aider à franchir le grand passage de la mort. En respectant la religion de chacun.
L'un des mourants dira : « Toute ma vie, j'ai vécu comme une bête, maintenant je vais mourir comme un homme. »

« Les lépreux sont nos frères. »

RAOUL FOLLEREAU : LE VAGABOND DE LA CHARITÉ

« Aimer sans agir, cela ne signifie rien » : ces mots ont été prononcés par Raoul Follereau. Vingt ans avant la religieuse de Calcutta, cet écrivain, né en 1903 à Nevers, découvre la misère des lépreux lors d'un voyage au Sahara en 1936. Dès lors et jusqu'à sa mort en 1977, il parcourt le monde pour défendre leur cause. Grâce à d'innombrables conférences, il parvient à récolter des fonds pour construire le premier village pour lépreux, à Adzope, en Côte-d'Ivoire. Avec sa femme Madeleine, il ose embrasser les lépreux pour « guérir les bien-portants de la peur absurde qu'ils ont de cette maladie et de ceux qui en sont atteints ». Aujourd'hui, la Fondation Raoul-Follereau poursuit son action contre la lèpre et contre toutes ces autres lèpres que sont la misère et l'ignorance.

Mère Teresa est aussi indignée par la situation des lépreux. Ils sont rejetés par tous, tant leur maladie fait peur. Dès l'apparition des premiers symptômes, les lépreux sont renvoyés de leur travail, chassés de chez eux et condamnés à la misère. Mère Teresa ne supporte pas cette injustice. Comme Raoul Follereau en Afrique, elle crée en 1958, près de Calcutta, un centre où les lépreux peuvent être soignés. En 1964, lorsque le pape Paul VI se rend en Inde et lui fait don de sa voiture, une limousine qui lui a été offerte par des catholiques américains, elle organise aussitôt une loterie. Avec l'argent récolté, elle construit un autre village, Shanti Nagar, « la cité de la paix » en bengali, destiné aux « lépreux, nos frères ». Là aussi, ils pourront se rééduquer, vivre et travailler en paix.

À Calcutta, Mère Teresa crée un premier centre, Shishu Bhavan, où les enfants abandonnés sont accueillis, quel que soit leur état de santé. « Nous sommes là pour protéger la vie, la vie du Christ dans celles des tout-petits ». Pour elle, la vie de l'enfant à naître, comme celle du lépreux ou du mourant, doit être respectée parce que, comme toute vie, elle a été voulue par Dieu. Cette conviction est à l'origine de son opposition à l'avortement (acte d'interrompre volontairement une grossesse), dont elle a fait l'un de ses grands combats.

Au fil des années, les maisons pour les mourants, les villages pour les lépreux et les foyers pour les enfants abandonnés se multiplient dans le monde entier. Les Missionnaires de la Charité se préoccupent aussi des réfugiés, des handicapés, des malades du sida, des prostituées... Leur action impressionne même les non-catholiques, bien que certains reprochent à Mère Teresa de ne pas rechercher les causes de toute cette misère. Mais le combat de la religieuse est ailleurs : elle veut modifier le regard que l'on porte sur les plus pauvres et inciter chacun à faire un geste d'amour. À d'autres, la tâche d'essayer de changer les structures sociales et politiques.

Distribution des repas aux pauvres de Calcutta en 1979.

« La joie est force. »

« Si tu acceptes une tâche, mène-la à bien avec joie. Sinon, ne l'accepte pas », conseillait Drana à sa fille Agnès. Devenue religieuse, Mère Teresa n'a pas oublié la leçon : « La vraie sainteté, c'est de faire la volonté de Dieu avec le sourire », affirmait-elle souvent aux sœurs Missionnaires de la Charité. On imagine que cela ne devait pas être facile pour ces femmes confrontées chaque jour à la misère et à la souffrance de leurs semblables. Quelques-unes, trouvant la tâche trop rude, ont même quitté la congrégation ; mais la grande majorité d'entre elles sont restées, et l'ordre a pris rapidement une ampleur imprévue.

Au début des années 1960, une branche masculine a été créée, les frères Missionnaires de la Charité. Les hommes sont en effet mieux adaptés à certaines tâches, comme par exemple l'action auprès des adolescents dans les quartiers dangereux de la ville. C'est ainsi que les frères ont commencé par s'occuper des jeunes livrés à eux-mêmes dans la grande gare de Howrah, à Calcutta. Ensuite, ils ont essaimé dans toute l'Inde, puis dans le monde entier, choisissant de préférence des pays ou des villes où les sœurs n'étaient pas déjà implantées : Viêtnam, Guatemala, Philippines, Salvador, Haïti... Les religieux ne sont pas les seuls à s'être engagés à la suite de Mère Teresa. De nombreux laïcs ont décidé de consacrer un peu de leur temps aux projets de la religieuse de Calcutta et des Missionnaires de la Charité. On les appelle les « coopérateurs laïcs ». On estime leur nombre aujourd'hui à plusieurs dizaines de milliers.

Sœurs Missionnaires de la Charité.

Mais l'initiative la plus originale est sans doute la branche dite des « coopérateurs souffrants ». À la fin des années 1940, Mère Teresa rencontre Jacqueline de Decker, une jeune femme belge qui cherchait à se mettre au service des plus pauvres. Malheureusement, une terrible maladie des os va contrarier son projet. Apprenant cela, Mère Teresa lui fait une proposition : pourquoi ne pas s'unir aux Missionnaires non par l'action, mais par la prière ? Jacqueline de Decker est ainsi devenue une sorte de sœur spirituelle pour Mère Teresa. Des années durant, dans sa maison en Belgique, elle a prié et offert sa souffrance pour que la religieuse de Calcutta trouve la force de mener sa mission à bien. Nul doute que cette union spirituelle a donné un sens à sa vie. Ce modèle de relation a été élargi à toutes les sœurs Missionnaires, car Mère Teresa croit en la force de la prière. D'autres branches ont vu le jour par la suite. Qu'ils soient coopérateurs médecins, missionnaires contemplatives, prêtres associés ou amis de Mère Teresa, ils forment une grande famille désireuse de venir en aide aux plus pauvres d'entre les pauvres, dans tous les pays du monde. À tous, Mère Teresa demande de servir, mais plus encore de le faire avec gaieté, humilité et disponibilité.

LE PÈRE CEYRAC : UN JÉSUITE FRANÇAIS EN INDE

Mère Teresa n'est pas la seule missionnaire catholique du XXe siècle à avoir pris fait et cause pour les Indiens les plus démunis. C'est le cas aussi, par exemple, du Père Pierre Ceyrac : depuis plus de soixante ans, ce jésuite français, né en 1914, œuvre dans le sud du pays, à Madras et dans l'État du Tamil Nadu. Comme Mère Teresa, avec laquelle il a travaillé, le Père Ceyrac vient en aide à tous les laissés-pour-compte de la société indienne, et en priorité aux enfants. Des milliers d'orphelins sont ainsi pris en charge dans les foyers qu'il a créés. Il est aussi à l'origine de la construction de routes, de puits, de fermes et de dispensaires qui ont contribué à améliorer la vie des habitants de la région. Sa devise ? « Tout ce qui n'est pas donné est perdu. »

« Une goutte d'eau dans l'océan »

Un matin de mars 1968, une lettre importante arrive au 54 A, Lower Circular Road, siège de la maison mère des Missionnaires de la Charité à Calcutta. Destinée à Mère Teresa, elle a été écrite par le pape Paul VI lui-même. Il invite la religieuse à venir à Rome, car il voudrait qu'elle ouvre une maison dans la Ville Éternelle. Mère Teresa accepte de se rendre en Italie, mais elle doute qu'un pays aussi riche ait besoin de son aide. À son arrivée, elle découvre, loin des quartiers touristiques et des splendeurs antiques, une misère qu'elle n'imaginait pas. Dans le quartier de Tor Fiscale, les pauvres survivent dans des baraques en carton ou en tôle. Impressionnée par ce décalage avec la « Rome éternelle », Mère Teresa constate que « Dieu lui a laissé du travail un peu partout » !

Après avoir créé de nombreux centres en Inde, les Missionnaires de la Charité ont reçu, trois ans plus tôt, l'autorisation de s'implanter à l'étranger. La première maison hors de l'Inde a été ouverte au Venezuela, en 1965. Celle de Rome va suivre, ainsi que beaucoup d'autres. À la mort de Mère Teresa en septembre 1997, les Missionnaires de la Charité étaient présents dans cent vingt pays ! Beaucoup de nations pauvres des cinq continents,

LES MISSIONNAIRES DE LA CHARITÉ EN FRANCE

La congrégation fondée par Mère Teresa est aussi présente dans l'Hexagone, à Marseille et à Paris. Ce sont les frères Missionnaires qui sont arrivés les premiers dans la capitale, en 1981. Ils se sont installés près de la gare de l'Est et distribuaient chaque jour des repas chauds aux sans-abri avant de déménager dans le XVe arrondissement, rue Violet. Les sœurs Missionnaires se sont installées à Paris en 1985. Près de Beaubourg, elles ont créé un centre d'hébergement d'urgence pour les femmes et les mères célibataires avec de jeunes enfants. En 1998, ce centre a été transféré rue de la Folie-Méricourt dans le XIe arrondissement, où il se trouve toujours. Les sœurs y servent aussi de la soupe, chaque matin, à tous les démunis.

mais aussi des pays riches comme la France, l'Angleterre, l'Italie ou les États-Unis. « Dans tous ces pays, dira Mère Teresa, ce n'est pas tellement du manque de nourriture que l'on souffre mais du manque d'amour et de chaleur humaine. » Et la religieuse de constater que, dans de nombreux pays dits évolués, les personnes âgées sont abandonnées par leur famille et leurs amis. Persuadée que cette solitude est également une grande souffrance et une forme de pauvreté, Mère Teresa met au point, avec ses Missionnaires, des groupes de bénévoles dont la tâche est d'aller rendre visite aux anciens. Et de les écouter. La situation des pays riches préoccupe beaucoup Mère Teresa, et notamment les nouvelles maladies qui s'y développent. À la veille de Noël 1985, elle ouvre à New York, en plein cœur de Manhattan, une maison réservée aux malades du sida. Avec ses quinze lits, ce foyer peut sembler dérisoire, mais il a le mérite d'exister.

D'une façon générale, Mère Teresa a toujours eu conscience que l'action des Missionnaires de la Charité n'était qu' « une goutte d'eau dans l'océan de la misère ». Mais, avait-elle l'habitude d'ajouter, « si cette goutte d'eau n'existait pas, elle manquerait ». Ainsi, elle montre l'exemple à tous ceux qui renoncent parce que la tâche qu'ils doivent accomplir est trop lourde et qu'ils sont sûrs de ne pas pouvoir en venir à bout complètement. « Si vous ne pouvez pas nourrir cent personnes, nourrissez-en au moins une », est la réponse de Mère Teresa. L'important, selon elle, est de prendre les problèmes un à un et, surtout, de ne pas aimer l'humanité « en général », mais chaque personne en particulier.

Mère Teresa rencontre le pape Paul VI.

« C'est Dieu qui a

En ce 10 décembre 1979, l'amphithéâtre de l'université d'Oslo est plein à craquer. Il y a là des ambassadeurs, des princes, et même le roi de Norvège ! Tous sont venus assister à une cérémonie peu habituelle : la remise du prix Nobel de la paix à une petite religieuse de soixante-dix ans. D'ordinaire, cette prestigieuse récompense est destinée à des personnalités politiques. L'année précédente, elle a ainsi été décernée au Premier ministre israélien Menahem Begin et au Président égyptien Anouar el-Sadate pour leurs efforts en faveur de la réconciliation entre leurs deux pays. Mais, en 1979, le jury du Nobel change de registre et choisit d'honorer celle que l'on appelle la « mère des pauvres », « la sœur des taudis » : Mère Teresa. Deux mois plus tôt, lorsqu'elle a appris la nouvelle, sa première réaction a été de dire : « Je n'en suis pas digne. » Mère Teresa estime en effet que « c'est Dieu qui a tout fait », pas elle. Serait-ce de la fausse modestie ? Pas du tout. Elle considère vraiment qu'à Dieu seul revient tout le mérite de cette extraordinaire aventure, puisque c'est lui qui a choisi une petite Albanaise pour accomplir cette « révolution de l'Amour ».

UN SIÈCLE DE PRIX NOBEL

Le prix Nobel de la paix a été institué en 1901. Selon la volonté de son fondateur, Alfred Nobel, il récompense « la personnalité ayant le plus ou le mieux contribué au rapprochement des peuples, à la suppression ou à la réduction des armées permanentes, à la réunion et à la propagation des progrès pour la paix. » En plus d'un siècle, il a été attribué à une centaine de personnalités appartenant à trente pays ainsi qu'à des organisations telles que les Nations Unies ou Amnesty International. Parmi les lauréats individuels les plus marquants, on peut citer : le pasteur américain Martin Luther King, récompensé en 1964 pour sa lutte en faveur des droits des Noirs aux États-Unis ; le savant soviétique Andréi Sakharov, distingué en 1975 pour avoir défendu les droits de l'Homme dans son pays ; en 1983, le syndicaliste polonais Lech Walesa pour son combat en faveur de la liberté ; en 1993, les Sud-Africains Nelson Mandela et Frederik De Klerk pour l'abolition de l'apartheid, régime qui séparait les Noirs et les Blancs.

tout fait. »

Remise du prix Nobel de la paix, université d'Oslo, Norvège, 1979.

Mère Teresa le 10 décembre 1979, recevant le prix Nobel de la paix.

Le prix Nobel n'est pas le seul prix qui lui ait été attribué. En près de quarante ans, elle en a reçu plus de cent vingt !
Dès 1962, le gouvernement indien lui remet le Padma Shri (l'ordre du Lotus). C'est la première fois qu'il revient à une personne qui n'est pas née en Inde.
En 1971, le pape Paul VI lui décerne le prix Jean XXIII pour la paix. Au cours de ses nombreux voyages, elle est aussi nommée docteur *honoris causa* (distinction honorifique attribuée à des personnalités) par plusieurs universités européennes et américaines.
Mère Teresa ne reçoit pas ces prix pour elle-même mais pour ceux qu'elle sert. En 1979, elle accepte ainsi le prix Nobel de la paix « pour la gloire de Dieu et au nom des pauvres ».
Avec les 21 000 dollars du prix Jean XXIII, elle a créé un centre de rééducation.

Avec l'argent du prix Nobel, elle a construit des logements pour les lépreux. Elle a même demandé au comité du prix Nobel de renoncer au banquet qui d'ordinaire suit la cérémonie, et de distribuer la somme ainsi économisée à ceux qui en ont le plus besoin !
Pour autant, Mère Teresa se méfie beaucoup de l'argent. Elle estime que, « quand on éprouve de l'attachement pour l'argent, on perd le contact avec Dieu ». Selon la religieuse de Calcutta, il n'y a pas de plus grande misère au monde.

« Mon secret ?

Avec le Frère Roger à Taizé.

Pendant cinquante ans, Mère Teresa a déployé une énergie considérable à la tête des Missionnaires de la Charité. À sa mort, on comptait plus de six cents maisons, réparties dans cent vingt pays ! Un tel résultat prouve que Mère Teresa, malgré une santé fragile, disposait des

qualités propres aux femmes d'action, que sont l'autorité, l'imagination et la persévérance.
Pourtant, lorsqu'on l'interrogeait sur les raisons de sa réussite, elle répondait invariablement : « Mon secret est très simple : je prie. » Pour Mère Teresa, la prière est la source de tout : « Sans prière, nous ne pouvons rien faire. » Pour aider ses interlocuteurs à prier, elle leur conseille de faire silence afin d'être en mesure d'entendre la voix de Dieu au plus profond de leur cœur. « Dieu ne se laisse découvrir ni dans le bruit ni dans l'agitation », explique-t-elle. Mais comment trouver le temps de prier le spectacle de misères si épouvantables. Mère Teresa disait elle-même que, sans la prière, elle ne pourrait pas accomplir le travail qui est le sien, ne serait-ce qu'une demi-heure.

Mais faut-il déjà croire pour prier ? À la suite de beaucoup d'autres sages, Mère Teresa pense le contraire. Pour croire, il vaut mieux commencer par prier, même un tout petit peu. C'est ainsi que l'on va découvrir que Dieu nous écoute. Et Mère Teresa, qui n'était pas dénuée d'humour ni de malice, d'ajouter à l'intention des non-croyants : « Et si Dieu vous écoute, c'est qu'Il doit exister ! »

la prière ! »

quand on a beaucoup de choses à faire ? Mère Teresa pense que l'on peut prier n'importe où, à n'importe quel moment, et qu'il n'y a pas de contradiction entre le travail et la prière. On peut prier tout en travaillant : « Il suffit d'élever son esprit vers Dieu. Il suffit de lui dire : Seigneur, je t'aime. J'ai confiance en toi. J'ai besoin de toi en ce moment. »

Cette habitude de la prière remonte à son enfance passée à Skopje : avec ses parents, Nicolas et Drana, sa sœur, Aga, et son frère, Lazar, la jeune Agnès se confiait à Dieu chaque soir. Depuis qu'elle a créé l'ordre des Missionnaires de la Charité, Mère Teresa recommande à chacune de ses religieuses de prier environ quatre heures par jour, soit seule, soit en groupe. C'est grâce à la prière que les sœurs parviennent à assister les mourants et à supporter

MÈRE TERESA À TAIZÉ

Blessé par la division des chrétiens, frère Roger Schutz a créé en 1940 la communauté de Taizé. Elle regroupe aujourd'hui une centaine de frères venus du catholicisme ou du protestantisme. Dans ce petit village de Bourgogne, ils organisent depuis des années de grands rassemblements de jeunes de tous les pays qui cherchent un sens à leur vie. En 1976, Mère Teresa s'est rendue elle-même à Taizé et elle est allée à la rencontre des jeunes. À cette occasion, elle a rédigé, avec Frère Roger, une « Prière des pauvres » qui met l'accent sur la nécessité de la réconciliation, « là où les hommes sont divisés : le père avec son fils, la mère avec sa fille, le mari avec sa femme, le croyant avec celui qui ne peut croire, le chrétien avec son frère chrétien non aimé ».

« Il n'y a qu'un

En Inde, les chrétiens sont peu nombreux : ils ne représentent que 2% de la population. La très grande majorité des habitants est de confession hindoue. Il y a aussi des musulmans, des sikhs, des bouddhistes... Cette diversité religieuse n'a jamais posé de problème à Mère Teresa. Il faut dire que, déjà durant son enfance à Skopje, les catholiques étaient minoritaires et qu'au lycée elle fréquentait aussi bien des orthodoxes que des musulmans ou des juifs. À Calcutta, la responsable des Missionnaires de la Charité s'est fait un devoir de « traiter tout le monde comme des enfants de Dieu. Tous sont nos frères et nos sœurs. » Pourtant, certains lui ont prêté de mauvaises intentions en suggérant qu'elle se servait de la faiblesse de ses malades pour les convertir au christianisme.

Paradoxalement, d'autres lui ont reproché de ne pas tenter de le faire ! À tous, Mère Teresa a répondu avec douceur et fermeté : « Mon objectif est que l'hindou devienne un meilleur hindou, le musulman un meilleur musulman et le catholique un meilleur catholique. » Persuadée qu'« il n'y a qu'un seul Dieu », Mère Teresa pense que tous les croyants du monde entier se rejoignent lorsqu'ils prient ensemble leur Père commun. C'est pourquoi elle a tenu à assister en octobre 1986 au Sommet pour la paix, organisé par Jean-Paul II à Assise, en Italie. Le pape avait invité les plus grands chefs religieux de la planète à participer à une journée mondiale de prière pour la paix. L'attitude d'ouverture de Mère Teresa vis-à-vis des autres religions lui a permis de gagner l'estime de beaucoup d'Indiens. L'un de ses principaux biographes et amis était un haut fonctionnaire de confession hindoue. « Jamais Mère Teresa ne m'a suggéré, même indirectement, de me convertir », a-t-il affirmé. Le gouvernement indien a

LE MESSAGE DE GANDHI

Mère Teresa n'a jamais rencontré Gandhi ; mais celui que l'on a surnommé le Mahatma (cela signifie « grande âme ») a eu une influence profonde sur la religieuse.
Né en 1869, Gandhi a été à la fois un homme politique et un maître spirituel. Avocat, il commence par défendre le droit des minorités en Afrique du Sud avant de rentrer en Inde et de lutter contre les Britanniques, qui occupent alors son pays. Pour mener ce combat, il choisit la voie de la « non-violence active », qui le rendra célèbre dans le monde entier. Emprisonné à plusieurs reprises, il est assassiné en 1948 par un extrémiste hindou, quelques mois seulement après l'Indépendance de l'Inde.
Impressionné par le message de l'Évangile et par la figure de Jésus, Gandhi avait l'habitude de dire : « Les religions sont comme des routes différentes convergeant vers un même point. Qu'importe que nous empruntions des itinéraires différents, pourvu que nous arrivions au même but. Quelle raison aurions-nous donc de nous quereller ? »

seul Dieu. »

décerné plusieurs prix à la religieuse de Calcutta, dont, en 1980, le Bharat Ratna (« Joyau de l'Inde »), la plus haute distinction civile du pays. Plus encore : après son décès, il a décrété deux jours de deuil national et organisé pour elle des funérailles dignes de celles des deux grandes personnalités indiennes que furent Gandhi et Nehru.
Le 13 septembre 1997, lors du service funèbre dans le plus grand stade couvert de Calcutta, des représentants des principales religions présentes en Inde sont venus rendre hommage à Mère Teresa. Ils ont compris qu'elle n'était pas prisonnière de sa propre religion et que sa priorité était avant tout de permettre à chacun de trouver un chemin vers Dieu. Pour elle-même, ce chemin, c'était le catholicisme et la fidélité à Jésus Christ.

Mère Teresa rencontre les représentants des autres religions.

Cercueil de Mère Teresa en 1997.

« Mourir, à la maison. »

Dimanche 19 octobre 2003 : la place Saint-Pierre de Rome est noire de monde. Les fidèles sont-ils venus rendre hommage au pape Jean-Paul II qui fête ses vingt-cinq ans de pontificat ? Sans aucun doute, mais ils sont aussi là pour assister à la cérémonie de béatification de Mère Teresa. Désormais, on l'appellera bienheureuse Teresa de Calcutta. D'ordinaire, il faut attendre au moins cinq ans après la mort d'une personne pour que son procès en béatification puisse s'ouvrir. Mais Jean-Paul II a tenu à ce que dans le cas de Mère Teresa la procédure soit accélérée. Entre le pape polonais et la religieuse albanaise existait en effet une réelle admiration. Ils se sont rencontrés pour la première fois en 1973, en Australie. En février 1986, Jean-Paul II vient à Calcutta. Il rend visite aux mourants de la maison Nirmal Hriday et prend pleinement conscience de l'incroyable travail réalisé par Mère Teresa et par ses Missionnaires de la Charité.

Jean-Paul II vient rendre visite à Mère Teresa à Calcutta en 1986.

De retour au Vatican, il plaide pour qu'un centre destiné aux sans-domicile-fixe soit construit au sein même de la cité pontificale. Certains de ses collaborateurs protestent : cela ne va-t-il pas créer des troubles ? Jean-Paul II tient bon, et deux ans plus tard une maison est inaugurée au Vatican. Baptisée Don de Marie, elle est confiée aux Missionnaires de la Charité.

VÉNÉRABLE, BIENHEUREUX PUIS SAINT

On ne devient pas saint en un jour ! Celui qui a mené une vie particulièrement exemplaire est d'abord déclaré « vénérable » par l'Église catholique, à l'issue d'une longue enquête.
Puis, s'il est à l'origine d'un miracle, il peut devenir « bienheureux ». Un second miracle est nécessaire pour que le « bienheureux » devienne « saint ».

c'est revenir

Malade du cœur depuis plusieurs années, Mère Teresa décède le 5 septembre 1997 d'une crise cardiaque. Jean-Paul II apprend la nouvelle avec une « profonde douleur » et une « grande émotion ». Il sait pourtant que la religieuse de Calcutta ne craignait pas la mort, qu'elle côtoyait chaque jour depuis cinquante ans. « Mourir, c'est revenir à la maison », disait-elle pour expliquer que la vie ne nous est donnée que pour un temps. Mère Teresa a été enterrée à Calcutta, dans la maison mère des Missionnaires de la Charité. Elle avait tenu à ce que soit inscrit sur sa tombe le célèbre commandement du Christ : « Aimez-vous les uns les autres comme je vous ai aimés » (Jean 15,12). Déjà de son vivant, la religieuse de Calcutta était considérée comme une sainte. Nombreux étaient ceux qui lui disaient : « Ce que vous faites est exceptionnel, moi, je n'en serais pas capable. » Mère Teresa leur répondait alors que tout le monde est destiné à la sainteté. Cela « ne consiste pas à réaliser des choses extraordinaires », mais à « suivre et accepter la volonté de Dieu », en mettant de l'amour dans toutes les choses ordinaires que l'on est amené à faire.
Touchée par l'œuvre de Mère Teresa et par son message, l'Église catholique a souhaité, en la béatifiant, la donner en modèle à tous les hommes d'aujourd'hui et de demain.

LES MISSIONNAIRES DE LA CHARITÉ AUJOURD'HUI

Six mois avant de mourir, Mère Teresa a transmis la direction de sa congrégation à sœur Nirmala. Née en 1934 dans une famille d'origine népalaise, cette religieuse a été élevée dans l'hindouisme avant de se convertir au catholicisme à vingt-quatre ans. Entrée peu après chez les Missionnaires de la Charité, elle a participé à beaucoup d'actions initiées par Mère Teresa. Aujourd'hui, elle est à la tête de plus de 4 000 religieuses réparties dans 700 communautés à travers le monde. Par respect vis-à-vis de la fondatrice, elle n'a pas voulu prendre le titre de Mère et continue de se faire appeler sœur Nirmala. Depuis la mort de Mère Teresa, les Missionnaires de la Charité ont ouvert plus d'une centaine de nouvelles maisons, dont une à Jérusalem.

Être une religieuse

Qu'est- ce qu'une religieuse ?
Une religieuse est une femme qui, se sentant appelée par le Christ, décide librement de lui consacrer toute son existence. Pour répondre à cet appel, à cette vocation, elle renonce à ce qui faisait sa vie auparavant et entre au sein d'une nouvelle famille, que l'on désigne par le nom de « congrégation ». Là, elle va vivre en communauté, avec d'autres sœurs, et se mettre au service de Dieu, de l'Église et de l'humanité.

Comment devient-on religieuse ?
Une femme qui veut devenir religieuse doit d'abord suivre un long chemin jalonné d'étapes, qui dure en moyenne cinq à six ans. Les modalités peuvent varier d'une congrégation à une autre, mais les principales étapes sont les suivantes.
La première période, que l'on appelle postulat ou pré noviciat, permet à la future religieuse d'apprendre à mieux connaître la communauté en vivant au milieu des autres sœurs. Elle peut ainsi vérifier si ce type de vie lui convient vraiment. Si tel est le cas, s'ouvre alors une deuxième période, d'environ deux ans, que l'on appelle le

noviciat : c'est un temps de formation et d'approfondissement, durant lequel la novice participe à la vie de la communauté. Mais elle reste libre de partir si elle le souhaite. Au terme du noviciat arrive le moment des premiers vœux, dits « temporaires », car prononcés généralement pour une durée de trois ans. Ce n'est qu'à l'issue de cette période que la religieuse prononce des vœux définitifs ou « perpétuels », et devient membre à part entière de la communauté.

Qu'appelle-t-on les trois vœux ?

Lorsqu'une religieuse entre dans une communauté, elle s'engage à respecter trois vœux : chasteté, pauvreté et obéissance.
En d'autres termes, elle choisit de rester célibataire et chaste pour être plus disponible pour les autres et pour Dieu. Elle renonce à toute propriété personnelle afin de mieux partager. Enfin, elle accepte d'obéir à ce que ses supérieures, inspirées par Dieu, vont décider pour le bien commun. Par ces trois vœux très exigeants, elle cherche à être fidèle à Jésus Christ.

Quels sont les différents types de religieuses ?

On distingue généralement deux catégories. D'une part, il y a celles que l'on appelle les « religieuses de vie apostolique ». Tout en vivant en communauté, elles mènent une existence proche de celle de leurs contemporains, au sein de la société, et exercent souvent un métier au service des enfants, des pauvres, des malades ou des exclus. D'autre part, les « moniales », qui se sont retirées du monde pour mieux se consacrer à la prière et vivent dans les monastères.

Combien y a-t-il de religieuses apostoliques et de moniales en France ?

On compte environ 40 000 religieuses apostoliques en France, réparties dans plus de 300 congrégations. Les moniales sont environ 4 500, réparties dans plus de 250 monastères (carmélites, bénédictines, clarisses, cisterciennes, visitandines, dominicaines...)
Le nombre total des religieuses en France tend à diminuer depuis plusieurs années, mais on assiste dans le même temps à l'émergence de communautés nouvelles.

«Nous avons autant besoin de prier

que de respirer. »

"carte de visite"

Le fruit du silence est la prière.
Le fruit de la prière est la foi.
Le fruit de la foi est l'amour.
Le fruit de l'amour est le service.
Le fruit du service est la paix. »

de Mère Teresa

Mère Teresa, Un chemin tout simple. *Plon-Mame, 1995*

l'hymne à la Vie

« La vie est une chance, saisis-la.
La vie est beauté, admire-la.
La vie est béatitude, savoure-la.
La vie est un rêve, fais-en une réalité.
La vie est un défi, fais-lui face.
La vie est un devoir, accomplis-le.
La vie est un jeu, joue-le.
La vie est précieuse, prends-en soin.
La vie est une richesse, conserve-la.
La vie est amour, jouis-en.

La vie est un mystère, perce-le.
La vie est promesse, remplis-la.
La vie est tristesse, surmonte-la.
La vie est un hymne, chante-le.
La vie est un combat, accepte-le.
La vie est une tragédie, prends-la à bras-le-corps.
La vie est une aventure, ose-la.
La vie est bonheur, mérite-le.
La vie est la vie, défends-la. »

Mère Teresa, *par Monique de Huertas, Centurion, 1993*

donnez ce que vous avez de mieux

« Les gens sont déraisonnables, illogiques et égocentriques.

Aimez-les tout de même !

Si vous faites le bien,
les gens vous prêtent des motifs égoïstes ou calculateurs.

Faites le bien tout de même !

Si vous réussissez, vous gagnerez de faux amis et de vrais ennemis.

Réussissez tout de même !

Le bien que vous faites sera oublié demain.

Faites le bien tout de même !

L'honnêteté et la franchise vous rendent vulnérable.

Soyez honnête et franc tout de même !

Ce que vous avez mis des années à construire
peut être détruit du jour au lendemain.

Construisez tout de même !

Les pauvres ont vraiment besoin de votre secours,
mais certains peuvent vous attaquer si vous les aidez.

Aidez-les tout de même !

Si vous donnez au monde le meilleur de vous-même,
vous risquez d'y laisser des plumes.

Donnez ce que vous avez de mieux tout de même ! »

Mère Teresa, un chemin tout simple, *Plon-Mame, 1995*

« Ne laissez personne venir à vous sans qu'il vous quitte meilleur et plus heureux. »

Mère Teresa, Dans le silence du cœur. Méditations ; *Le Cerf, 1983*

*« De nos jours,
la plus terrible maladie
en Occident n'est pas
la tuberculose ou la lèpre ;
c'est de se sentir rejeté,
méprisé, délaissé.
Nous savons soigner
les maladies du corps
par la médecine,
mais le seul remède
à la solitude, au désarroi
et au désespoir,
c'est l'amour. »*

Mère Teresa, Un chemin tout simple, *Plon-Mame, 1995*

le sourire et la paix

*« La paix commence par un sourire.
Souriez cinq fois par jour à quelqu'un à qui vous n'avez pas du tout envie de sourire - faites-le pour la paix.
Rayonnons la paix de Dieu, allumons sa lumière et éteignons dans le monde et dans le cœur des hommes toute haine et tout amour du pouvoir. »*

Mère Teresa, Dans le silence du cœur. Méditations, *Le Cerf, 1983*

« Il est facile d'aimer les hommes qui sont au loin.
Il n'est pas toujours facile d'aimer
ceux qui sont près de nous.
Il est plus facile de donner un bol de riz
pour soulager la faim,
que de soulager la solitude et la souffrance
d'un être privé d'amour dans notre propre maison.
Faites régner l'amour dans votre maison,
car c'est là que vous devez commencer à aimer. »

Mère Teresa, Dans le silence du cœur. Méditations, *Le Cerf, 1983*

faites régner l'amour dans votre maison

*« Dieu n'attend pas de moi que je réussisse.
Il demande simplement que je lui sois fidèle.
Aux yeux de Dieu, ce ne sont pas les résultats
qui comptent.
L'important pour lui, c'est la* ***fidélité****. »*

Mère Teresa, Pensées spirituelles, *Médiaspaul, 2000*

« Les filaments des ampoules sont inutiles
si le courant n'y passe pas.
Vous, moi, nous sommes les filaments.
Le courant, c'est Dieu.
Il est en notre pouvoir de laisser
le courant passer, nous traverser
et se servir de nous pour éclairer le monde. »

Mère Teresa, Pensées spirituelles, *Médiaspaul, 2000*

nous sommes les filaments

Un jour à Calcutta, nous n'avions absolument rien pour le repas du soir. Tout à coup survient une dame que nous ne connaissions pas.
"J'ai été poussée, dit-elle, je ne sais par qui et je ne sais pourquoi, à vous apporter ces quelques sacs de riz."
Quand on ouvrit ces sacs, c'était exactement ce que nous prenions pour le repas du soir.
Récemment, nous cherchions à Londres une maison pour fonder un second noviciat.
Après de nombreuses démarches, on nous signale une protestante qui avait une habitation qui nous conviendrait parfaitement. La dame est très catégorique : "J'ai une maison à vendre, mais c'est 6 500 livres, et il faut payer tout de suite."
Durant quelques jours, deux sœurs circulent dans la ville, font des visites, donnent des conférences, parlent à la radio...
Un soir, elles comptent les offrandes reçues : il y avait exactement 6 500 livres. La maison fut achetée le lendemain matin."

Je n'ai jamais demandé d'argent.
J'ai toujours reçu ce dont j'avais besoin
au moment où j'en avais besoin.

Extrait d'un article, revue Missi *n°393, mars 1976*

*« N'allez pas chercher Dieu
dans de lointaines contrées - il ne
s'y trouve pas. Il est près de vous.
Il est avec vous.
Ne laissez pas la lampe s'éteindre,
et vous ne cesserez pas de le voir.
Regardez et priez. Entretenez la lampe,
et vous verrez son amour, et combien
le Seigneur que vous aimez est doux. »*

Mère Teresa, Dans le silence du cœur. Méditations, *Le Cerf, 1983*

il est près de Vous

« La famille qui prie ensemble demeure unie. »

Mère Teresa, Pensées spirituelles *; Médiaspaul, 2000*

je te donne mon cœur

« Seigneur, Tu veux mes mains pour passer cette journée
à aider les pauvres et les malades qui en ont besoin :

Seigneur, aujourd'hui,
je te donne mes mains.

Seigneur, Tu veux mes pieds pour passer cette journée
à visiter ceux qui ont besoin d'un ami :

Seigneur, aujourd'hui,
je te donne mes pieds.

Seigneur, Tu veux ma voix pour passer cette journée
à parler avec ceux qui ont besoin de paroles d'amour :

Seigneur, aujourd'hui,
je te donne ma voix.

Seigneur, Tu veux mon cœur pour passer cette journée
à aimer chaque homme uniquement parce qu'il est homme :

Seigneur, aujourd'hui,
je te donne mon cœur. »

Mère Teresa, Pensées spirituelles, *Médiaspaul, 2000*

Dans la même collection

Jean-Paul II
Martin Luther King
L'Abbé Pierre
Gandhi
Le dalaï-lama
Victor Hugo
Albert Einstein

Légendes complémentaires :
P. 4-5 : Portrait de Mère Teresa, 1989.
P. 8 : Mère Teresa et les pauvres à Calcutta en 1979.
P. 10-11 : Mère Teresa portant un enfant, dans l'un des dispensaires des Missionnaires de la Charité, en 1979.
P. 26-27 : Mère Teresa à Calcutta en 1979.
P. 33 : Portrait de sainte Thérèse de l'Enfant Jésus.
P. 37 : Mère Teresa à Calcutta, en 1979.
P. 46 : Mère Teresa lors de sa visite à Budapest en 1989.
P. 53 : Sœurs Missionnaires de la Charité lors de la célébration en l'honneur de Mère Teresa à Calcutta, le 8 novembre 2003.
P. 54-55 : Jean-Paul II et Mère Teresa à Calcutta en 1986.

Iconographie
Nicole Bouchereau

Crédits iconographiques
Gamma : p. 4-5, 46 : Blue C*** 8, 10-11, 26-27, 37, 39 : Jean-Claude Francolon, 45 : Laurent Maous, 50, 54-55 : François Lochon, 43.
Sipa Press : p. 40 et 53 : Algoba Systems.
Office central de Lisieux : p. 33.
Keystone-France : p. 30, 35.